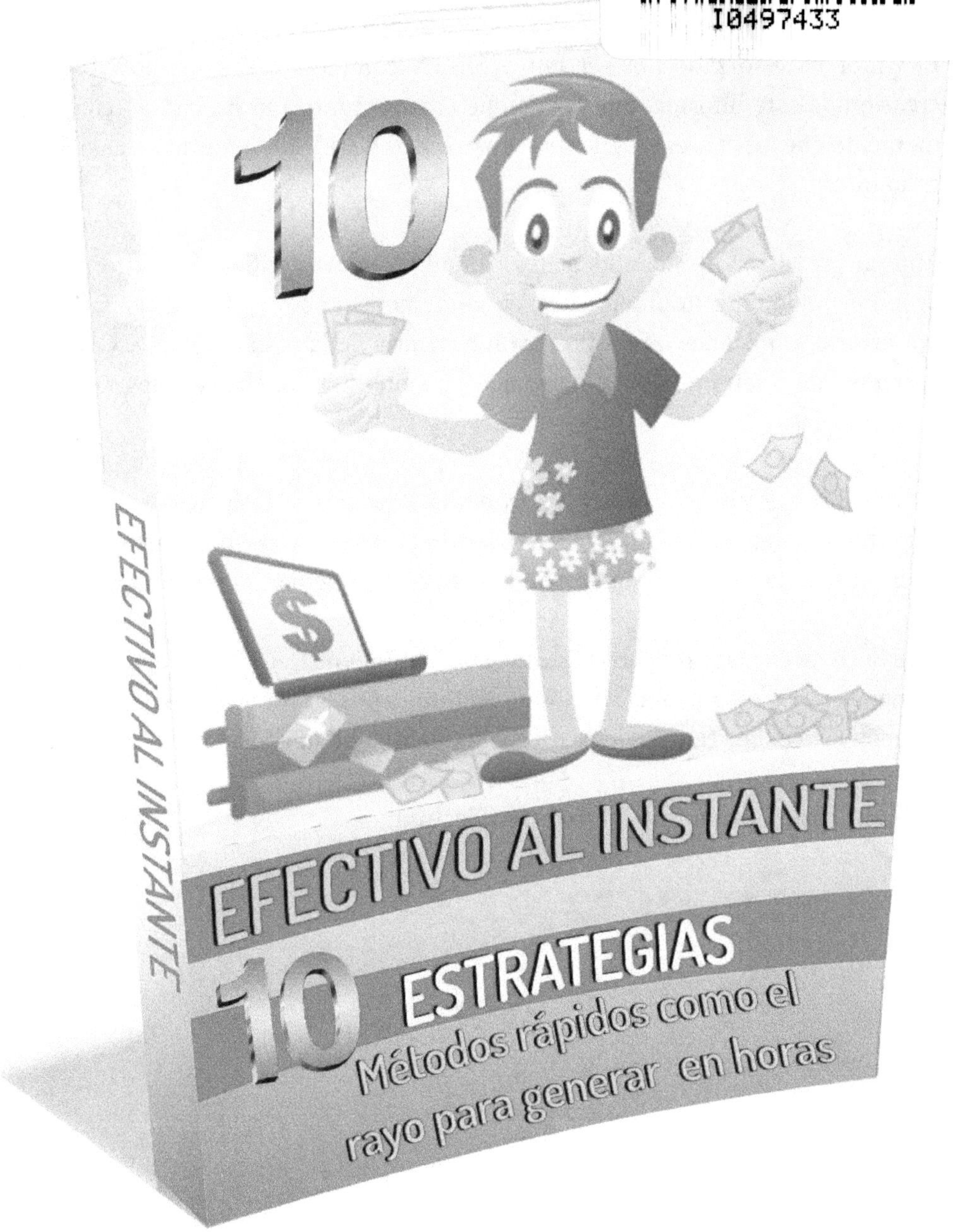
10
$
EFECTIVO AL INSTANTE
10
ESTRATEGIAS
Métodos rápidos como el
rayo para generar en horas
EFECTIVO AL INSTANTE

Términos y Condiciones

AVISO LEGAL

El editor ha esforzado por ser tan precisa y completa como sea posible en la creación de este informe, a pesar de que él no garantiza ni declara en cualquier momento que los contenidos dentro son precisos debido a la naturaleza cambiante de la Internet.

Aunque se han hecho todos los intentos para verificar la información proporcionada en esta publicación, el editor no asume ninguna responsabilidad por errores, omisiones o interpretación contraria de la materia objeto. Cualquier desaires de determinadas personas, pueblos u organizaciones no son intencionales.

En los libros de consejos prácticos, como cualquier otra cosa en la vida, no hay garantías de ingresos realizados. Se advierte a los lectores a responder en su propio juicio acerca de sus circunstancias individuales para actuar en consecuencia.

Este libro no es para uso como fuente de asesoramiento legal, comercial, contable o financiera. Se recomienda a todos los lectores a buscar servicios de profesionales competentes en los campos legal, negocios, contabilidad y finanzas.

Se le anima a imprimir este libro de fácil lectura.

Tabla de contenido

Capítulo 1:
  dinero instantáneo

Capítulo 2:
  AdSense de Google

Capítulo 3:
  Mecánico Turco

Capítulo 4:
  El artículo de escritura

Capítulo 5:
  Enseñar

Capítulo 6:
  libros electrónicos

Capítulo 7:
  La comercialización del afiliado

Capítulo 8:
  Spinning página web

Capítulo 9:
  Servicios técnicos

Capítulo 10:
  Algunas cosas para recordar

Introducción

Este libro contiene algunos de los mejores métodos que puede utilizar para hacer dinero en línea. en efectivo al instante en el menor tiempo posible.

Sólo hay que poner los pies en alto y empezar a leer ...

Capítulo 1:

dinero instantáneo

Resumen

La generación de dinero al instante –
el sueño de todos,
el logro de algunas personas.
¿Puede realmente ser hecho por todos?

dinero instantáneo

Hay miles de sitios web y libros electrónicos que le indiquen que puede ganar miles de dólares al día por trabajar en línea, si sólo va a comprar sus libros electrónicos con la fórmula mágica por sólo 49.99 dólares o menos! ¿Cuánto de esto es verdad? Hay una gran cantidad de fraudes, que echan en chorro de mentiras, una vez que se han liberado de algo de dinero duramente ganado. Los que caen en este tipo de trucos sólo se tienen a sí mismos la culpa. No hay atajos hacia la riqueza en línea. Es como en la vida real, donde se trabaja duro y de manera prudente y ganar su pan de cada día.

Al igual que en la vida real, usted tiene que utilizar las habilidades que usted tiene y también mantener la adquisición de otros nuevos. Al igual que en un trabajo en tiempo real, usted tiene que trabajar un determinado número de horas al día para ganar su vida en línea. Y al igual que en la vida real, sólo aquellos trabajadores que estudian bien su trabajo, se mantienen alejados de los defraudadores y trabajan duro y hábilmente y hacen bien las cosas, logran ganar una renta importante en línea.

En los siguientes capítulos se llevarán a un análisis detallado de las diversas maneras de ganar dinero en línea. Hay millones de personas en todo el mundo que ya están trabajando en estos puestos de trabajo en línea desde la comodidad de sus hogares. Usted puede ser su propio jefe, limitar la cantidad de horas que desea trabajar y se les paga a través de sistemas internacionales como PayPal o incluso por cheque en su propia moneda local.

Recuerde, el mundo de hoy es un mundo social en red. La Red ha puesto una gran cantidad de conocimientos a su alcance. Incluso si usted siente que no tiene estudios y la formación, si usted tiene la voluntad, se puede aprender rápido. Puede utilizar su dominio de inglés, su capacidad para utilizar la Internet y su círculo social de amigos para desarrollar sus habilidades. Y entonces usted puede comenzar rápidamente a ganar por lo menos en algunas de las áreas discutidas por delante.

Capítulo 2:
AdSense de Google

Resumen

Google AdSense es la mayor herramienta para hacer dinero en línea. Aprenda cómo puedes hacer que trabaje para ti también.

AdSense de Google

Uno de los programas más populares de publicidad en Internet es Adsense de Google. Casi cualquier sitio web que abre hoy con los 'Anuncios Google' colocado en la parte inferior izquierda o hacia la derecha o de la página. A veces son incluso justo en el centro. Cada vez que se hace clic en un anuncio tal, que el webmaster se paga una pequeña cantidad por el anunciante, a través de AdSense de Google. Cada día, millones de dólares se pagaron en los clics de AdSense a través de mil millones de páginas vistas. Esto hace que AdSense de Google el pago más popular programa de Click (PPC) por habitante en el mundo de hoy.

El pago por clic puede variar desde unos pocos centavos hasta incluso diez o veinte dólares. contenido de nicho relevante para ciertas palabras clave especializadas puede pagar muy bien. Sino que simplemente la creación de un sitio web con estas palabras clave bien remunerados y la colocación de anuncios de AdSense en que no va a funcionar. El sitio tiene que contener información que es valiosa para el lector. Sólo entonces podrá generar suficiente tráfico y clics en los anuncios genuinos. ¡Si hace clic en sus propios anuncios o pides a sus amigos que hagan clic deliberadamente para beneficiarse, es 'fraude de clics'! y tu cuenta será bloqueada

Por lo tanto, es aconsejable establecer un sitio web o blog basado en un tema que te gusta, que también es comercialmente viable - tiene que haber algunos anunciantes que desean colocar sus anuncios en sus páginas. robots de AdSense escanear sus páginas web todos los días y luego colocar anuncios relevantes a su contenido.

Puedes usar blogger.com para configurar un simple blog en tres sencillos pasos. A continuación, leer sobre su tema y escribir contenido original. Asegúrese de mencionar las palabras clave relevantes para su contenido. A continuación, generar tráfico a su sitio web mediante el envío de su blog enlace a tus amigos y pedirles que transmitirlo. Colocar el enlace en los sitios web de sus amigos también y también participar en foros relacionados con el tema.

Use un sitio web de monitoreo de tráfico como Sitemeter.com para comprobar la cantidad de páginas vistas y aciertos obtiene todos los días. Página de su cuenta de AdSense también le dirá cuántos clics se han hecho y lo mucho que han ganado. Puede recibir su pago mediante diversos métodos, como se explica en la página de su cuenta. AdSense también tiene buenos consejos sobre cómo colocar los anuncios para obtener la máxima rentabilidad.

¡Así que empiece con su blog o página web y ponerlo en marcha con Google AdSense!

Capítulo 3:
AMAZON MECHANICAL TURK

Resumen

Una introducción al Mturk.com ... Sigue leyendo.

AMAZON MECHANICAL TURK

¿Alguna vez se preguntó cómo se podría hacer algunos dólares adicionales en sus horas libres? Mturk.com le ofrece precisamente eso.

Este sitio web es propiedad de Amazon, el gigante de la comercialización en línea. Mturk.com muestra miles de visitas (inteligencia humana tareas) en sus páginas. Estas tareas van desde simples a complejos y el pago por hacerlas también varía desde unos pocos centavos o incluso decenas de dólares. Las tareas más simples pueden implicar tomar una encuesta o escribir algunos párrafos sobre un tema determinado o comentar un foro en particular. Los más complejos pueden requerir algún diseño web o por escrito los informes completos o hacer una investigación de mercado. También hay puestos de trabajo de transcripción de audio que se puede recuperar unos pocos dólares para la transcripción de fragmentos de audio 5-10 minutos de duración en el texto.

Mturk es una gran manera de entrenar para trabajos en línea más especializados. Si usted comienza a escribir artículos de 100 o 200 palabras aquí, se puede adquirir las habilidades y la confianza para asumir grandes tareas de escritura independiente en sitios como oDesk, Elance y GetAFreelancer, que vamos a discutir en los próximos capítulos.

Si usted se aplica en la transcripción de audio y logra convertirse razonablemente precisa y suficientemente rápido, a la larga puede pasar a tiempo completo la transcripción médica o jurídica que son altos campos de pago. Tienes que entrenar para estas áreas especializadas, pero MTurk le da un buen comienzo con tareas sencillas.

A las pocas horas o días, su trabajo está marcada y el pago se acredita a su cuenta Mturk. El truco es estar a la expectativa de altas tareas que pagan, en los que, por ejemplo, que gana un par de dólares para una encuesta que toma sólo unos minutos. ¡O escribir un artículo de 400 palabras sobre el turismo en Islandia que gana 3 dólares! Incluso si usted no está familiarizado con el tema, se puede leer rápidamente en la red y hacer una presentación bastante decente y objetiva. ¡Después de todo eso es lo que muchos periodistas y escritores de medios de comunicación están haciendo hoy!

Los pagos se realizan mediante cheques en moneda local (para algunos países) o transferidos a su cuenta bancaria, o puede utilizar el dinero en su cuenta para comprar bienes de Amazon.com.

¡Una buena manera de empezar a trabajar en miles de tareas fáciles y capacitar a las cosas más grandes por venir! No permita que un ir repuesto hora que perder. Convertirse en un Turker hoy. Y no se olvide de buscar un buen foro Turker para el último de Google y un montón de consejos buenos y útiles.

Capítulo 4:
El artículo de escritura

Resumen

*Si usted tiene el talento,
la escritura del artículo puede hacerte muy popular y muy ric@, ¡así!*

El artículo de escritura

¿Le gusta escribir? ¿Siempre has soñado con escribir una novela éxito de ventas? Bueno, novelistas más exitosas también tuvieron un día de trabajo. ¡Aquí hay un día de trabajo que se puede mantener en el campo de la escritura que usted ama tanto y también pagar un sueldo decente, por lo que aún puede tener tiempo de sobra para su exitosa novela!

Cualquier persona con un buen conocimiento del idioma Inglés puede escribir algunos párrafos de contenido original. Es aún más fácil de leer un artículo dado y volver a escribir. Y eso es más o menos la descripción del trabajo de uno de los trabajos más lucrativos en el Internet hoy.

Con miles de nuevos sitios web están estableciendo cada hora, los webmasters están en constante necesidad de nuevos contenidos para sus páginas web. A veces, un número de sitios web son desarrollados por girar el mismo contenido en varios artículos. La mayoría de los compradores de artículos pagan entre uno a dos dólares para volver a escribir un artículo de 300-500 palabras. Esta tarea se puede realizar de quince a treinta minutos dependiendo de sus habilidades lingüísticas y la velocidad de escritura.

Es importante escribir contenido original - decirlo todo en sus propias palabras - como la mayoría de los compradores de verificación para la duplicación mediante el uso de software de copia de detección como Copyscape y Plagium. Si usted acaba de cortar y pegar de otros sitios web, que se mostrará en Copyscape y perderá su asignación y obtener críticas negativas por parte del comprador.

Corrija su artículo a fondo antes de enviarla, utilizando SpellCheck si utiliza Word. Incluso si usted no está familiarizado con un tema como decir que el acné o la administración del dinero o temas de salud, un tiempo dedicado a navegar por sitios web pertinentes le puede dar suficiente información para escribir un artículo de 500 palabras.

Ese es el encanto de la escritura independiente en línea. Su conocimiento general mejora enormemente con los artículos que investigar y escribir todos los días. ¡Que sin duda le ayudará a su escritura creativa también, y allanar el camino para que haga la superproducción de su novela algún día!
Salida Odesk.com, Elance.com y Getafreelancer.com y registrarse con el que más le guste. Los pagos se realizan a través de PayPal y otros sistemas internacionales.

Capítulo 5:
Enseñar

Resumen

Enseñar algo que sabes. Eso podría hacer rico.

Enseñar

Una de las formas más agradables de ganar dinero en línea es mediante la venta de una cierta habilidad que son buenos.

¿Puedes enseñar un idioma o mostrar cómo solucionar un drenaje obstruido? Sólo tiene que elegir una cámara digital y disparar a sí mismo haciendo su cosa. Luego subirlo a YouTube. Hacer circular el enlace a todos tus conocidos y colocarlo en foros relacionados. A continuación, crear una página web especializada sencilla, con más de dichos vídeos de aprendizaje. Arreglos para dar acceso sólo a los espectadores que pagan una pequeña cuota a través de tarjeta de crédito o PayPal. Colocar el enlace a este sitio web en sus vídeos gratuitos de YouTube.

A medida que sus vídeos ganan miles de visitas, su sitio será visitado por más suscriptores y se puede empezar a ganar dinero. También se pueden crear libros electrónicos en su tema particular y los venden en ese sitio web.

Colocar una gran cantidad de enlaces relacionados con sitios web similares que pueden ser útiles a sus miembros. Usted puede pensar que esto puede llevar a los espectadores lejos de su página web. Pero los suscriptores aprecian este tipo de honestidad y ayuda y van a seguir viniendo a usted.

De esta manera se sigue haciendo lo que amas, y el mundo le paga por ello. La creación de una página web o blog de forma gratuita (Blogger.com), la supervisión del tráfico (Sitemeter.com) y la creación de libros electrónicos (eBook Pro) se hace fácilmente mediante el uso de cualquiera de los cientos de herramientas disponibles en Internet.

Al trabajar en casa, usted tiene la ventaja de utilizar sus instalaciones para el hogar, servicios públicos y accesorios, sin costes adicionales. Puede configurar un pequeño estudio para enseñar una destreza el arte como la escultura o la fabricación de velas o incluso tarjetas hechas a mano simples. Hay miles de videos de YouTube enseñanza de la música y la danza.

Encontrar su nicho de mercado e ir por ella. Tomará un poco de tiempo para construir su negocio, pero si lo hace algo especial, se extenderá de forma viral a través de YouTube y, a continuación, puede sacar provecho de su éxito.

Capítulo 6:
libros electrónicos

Resumen

libros electrónicos, cuando se usa correctamente, podría ser una maravillosa manera de ganar en línea.

libros electrónicos

Cuando Internet se hizo popular, se ha considerado principalmente como un portal de información y comunicación. La parte de información era realmente muy dolorosa, porque las personas no tenían un método para de encontrar lo que querían cuando querían. Esta impresión de Internet persiste aún hoy en día. Incluso hoy en día, Internet es una autopista de la información y las personas con una mente astuta están haciendo la mayor parte de ella de diversas maneras.

Una de las formas más importantes es a través de la creación y venta de libros electrónicos. Los libros electrónicos, o libros electrónicos, son libros llenos de información sobre un tema en particular. Cubre una parte de ese tema, y es por lo general (pero no siempre) una guía de autoayuda. Bueno, esos son los que tienen más dinero y por lo tanto son los más populares, de todos modos.

El concepto es simple. Tomar algo que la gente está buscando información sobre, y crear un libro electrónico sobre el tema. Escribe de una manera simple y nítido en un idioma que incluso un laico puede entender. Cuando se tiene el libro electrónico listo, promoverlo a través de Internet. Hay varias maneras de hacerlo - hacer que una página web, crear una página de ventas, publicidad a través de filiales, promover el libro electrónico en sitios web de redes sociales, etc. Cuanto más popular haces tú libro electrónico, más gente va a querer tenerlo.

Ahora, hay dos maneras en que usted puede hacer dinero de sus libros electrónicos. Usted podría vender ya sea directamente por dinero, o se puede utilizar para vender un producto más grande. Cuando se hace esto último, puede que ni siquiera cobrar por su libro electrónico. El concepto de regalar es muy real en Internet, y lo hace atraer a una gran cantidad de personas interesados en comprar productos más grandes.

Por lo tanto, ¿qué se puede escribir en el libro electrónico? Piense en todo lo que sabe que creen que las personas les gustaría conocer. Podría ser cualquier cosa - acerca de cómo limpiar las ventanas de cristal de la manera correcta o sobre cómo buscar los proveedores de hipotecas para su nuevo nido. La idea es enseñar, y para hacer dinero de esa enseñanza.

Capítulo 7:
La comercialización del afiliado

Resumen

Entender lo que es el marketing de afiliación, aprender más sobre él y desatar todo su potencial en sus ingresos.

La comercialización del afiliado

La comercialización del afiliado es un concepto muy popular en Internet. Básicamente, se trata de una forma en la que se promueve el producto de otra persona en su página web o blog y ganar dinero para llevar a la gente a la página web del anunciante. Estas personas que se envían son conocidos como tráfico. El pago es por lo general a través de un método de PPC (no muy diferente de Google AdSense). Se le paga por cada clic que se genera en el enlace al sitio web del anunciante. Sin embargo, hay otros modelos de pago, así como PPS (donde se le paga por venta) y PPL (donde se le paga por el plomo).

Ahora, aquí es un método que puede ayudarle a ganar dinero incluso mientras duerme. Una vez que configure el anuncio y poner sus campañas promocionales en su lugar, la gente va a seguir recibiendo automáticamente dirigida al sitio web del anunciante, lo que significa que inicie automáticamente la obtención de dinero. Este tipo de dinero, que viene en constante sin hacer nada, se conoce como ingresos residuales o ingresos pasivos.

Sus esfuerzos básicos aquí son a dar a conocer su propio sitio web o blog para que los enlaces de afiliados en ellas se convierten en las personas más visibles y haga clic en ellos. Su ingreso es directamente proporcional a la cantidad de personas que administra enviar. Se podría popularizar su sitio web a través de varias otras estrategias en efectivo al instante que se mencionan aquí, tales como la escritura del artículo y la sumisión, blogs, etc.

Una de las principales razones por las que la comercialización del afiliado es popular hoy en día es porque el pago es muy largo plazo. El dinero sigue llegando si ha hecho las cosas correctamente. A diferencia de otros métodos, el pago aquí entra en juego, independientemente de la cantidad de esfuerzo que puso en. A los pocos meses de cuidadosa planificación e implementación pueden traer en miles de dólares al mes en sus arcas. Sin embargo, este es un método efectivo al instante, así, debido a que el dinero comenzará a venir casi al instante, por lo general dentro de la primera semana sí mismo.

Capítulo 8:
Spinning página web

Resumen

Web de giro puede ser para Spider-Man, pero el sitio web de giro puede hacer que un hombre muy rico (¡o mujer!).

Spinning página web

Este es un método efectivo al instante de que mucha gente le gusta. Se hace un buen dinero, no necesita un terrible mucho esfuerzo y es creativo también. Sin embargo, es necesario tener un mínimo de conocimientos técnicos para empezar. Una vez más, eso no debe disuadir. Incluso si usted no tiene los conocimientos técnicos, todavía se puede contratar a alguien para hacer las cosas que no se sienta cómodo.

Entonces, ¿qué es la web de hilado en realidad? Este es un método en el que las personas a construir sitios web y luego los venden para un beneficio más. El propósito básico de hacer el sitio web es ser capaz de vender más tarde. El beneficio puede ser bueno si el sitio es bueno.

Aquí hay algunas cosas que hiladores sitio web tener en cuenta.
- → Reservan grandes nombres de dominio. De hecho, una gran parte de su talento está aquí. Se aseguran de que los nombres de dominio son buen SEO y que tienen buena memoria del último valor también.
- → Ellos construyen sitios web cortos. Los sitios web no se mantienen demasiado grande, porque entonces se hace difícil darles la vuelta. Un sitio web habitual que está diseñado para mover de un tirón no contiene más de 10 páginas.
- → Los sitios web se mantienen rico en contenido. El contenido está destinado a educar. Una vez más, el contenido es de alta SEO, que contiene una gran cantidad de palabras clave que la gente suele buscar.
- → El diseño y el aspecto general de la página web se mantienen bastante básico. La razón de esto es permitir que el comprador para modificar el sitio web de acuerdo a sus deseos.

El producto de la venta depende de lo bien que la página web es. Lo menos que se puede esperar de un sitio web de 10 páginas es $ 50, que no está mal para empezar. Si su sitio web ya tiene cierta popularidad en Google, podría venderlo por mucho más alto.

La venta se realiza en los foros. Un buen lugar para vender es los foros de Digital Point.

Capítulo 9:
Servicios técnicos

Resumen

Si tiene algo de talento técnico, hay algunas grandes maneras de hacer dinero fuera de él.

Servicios técnicos

Cualquier tipo de conocimiento técnico puede ser utilizado brillantemente en Internet para ganar dinero. Si usted tiene conocimiento de diseño de página web, por ejemplo, usted podría conseguir el trabajo de diseño de sitios web para otras personas en Internet. Se podía conseguir a sus clientes a pagar tanto como $ 10 a $ 100 por la página a diseñar para ellos, dependiendo de varios factores. Algunos de estos factores son la complejidad de la página web que se está diseñando para ellos, el presupuesto del sitio web, su propio conocimiento y la reputación, etc.

diseño de página web es sólo uno de esos servicios técnica que se puede prever una gran cantidad de dinero. Hay varias otras en las categorías similares. Diseño Gráficos es otra área muy lucrativa. Incluso el diseño de un logotipo para una empresa que podría dar cientos de dólares. O bien, puede proporcionar una cierta animación o videos a un cliente. Hay muchas cosas que se pueden hacer.

Así que, ¿dónde encontrar todo este trabajo? Los mejores lugares para encontrar ellos están en los distintos lugares de trabajo independientes. Aquí están algunos: -

- → GetAFreelancer (http://www.getafreelancer.com/)
- → scriptlance (http://www.scriptlance.com/)
- → Guru (http://www.guru.com/)
- → Elance (http://www.elance.com/)
- → oDesk (http://www.odesk.com/)

En estos sitios, a encontrar trabajo a través de un sistema de licitación. Las personas que están buscando trabajo hacen puestos aquí y después de pujar por ellos. Su oferta también mencionar el periodo de tiempo que llevarían a cabo el trabajo en. Usted podría dar muestras de aumentar sus posibilidades. Los compradores revisar sus ofertas y las muestras y luego deciden las personas que se ajusten a sus cuentas de la mejor manera.

También podría encontrar clientes en sitios de redes sociales. Unirse a un grupo en sitios como Twitter, Facebook, Instagram etc. podría ser una gran manera de la red con otras personas con habilidades similares a las que tiene y hacer algo de dinero. Sin embargo, el inconveniente de encontrar trabajo en estos lugares es que no son los sitios de trabajo y por lo tanto no debe ser su primera opción para la búsqueda de trabajo en línea.

Capítulo 10:
Algunas cosas para recordar

Resumen

Hacer efectivo al instante es muy posible. Sólo tener en cuenta estas pocas cosas.

Algunas cosas para recordar

Recuerde que incluso el dinero que gana a través de Internet sentado en su casa está sujeto a impuestos. Usted es responsable de pagar sus propios impuestos aquí. Sin embargo, hay muy pocos clientes para que estudien sus necesidades fiscales. Estas serán las personas que va a querer conservar a largo plazo. Pero cuando usted está buscando métodos en efectivo al instante, nadie se va a cargar con el peso de su imposición.

Usted necesitará una cuenta bancaria en línea. PayPal (http://www.paypal.com/) Es el banco líder en línea hoy en día, seguido muy de lejos por Moneybookers (http://www.moneybookers.com/). La mayoría de los sitios de trabajo en línea actúan como distribuidores de pago también. Para pedido cheques de ellos.

Cuando usted está ganando por sí mismo, es muy fácil distraerse y perder el foco. No hagas eso, porque cuando se está trabajando en el Internet a través de sitios web independientes, hay un sistema de clasificación. Una mala calificación podría poner en peligro sus perspectivas de futuro. Sus clientes sólo basan a través de su calificación y por lo tanto usted tiene que asegurarse de que se mantiene impecable.

Siempre seguir aprendiendo. En Internet, el que más aprende gana la mayoría. Hay nuevas técnicas y estrategias están desarrollando casi todos los días y la gente está haciendo uso de ellos para mejorar sus perspectivas. No se necesita tiempo para nada para convertirse en altamente competitiva en Internet pronto. Por lo tanto, asegúrese de estar delante de la competencia.

No sea desanimado si no es capaz de ganar en cantidades grandes desde el principio. estrategias de efectivo instantánea más le pagarán pequeñas cantidades cuando se empieza, pero con experiencia que pueden comenzar a exigir más. A medida que vaya más calificaciones, a mejorar sus posibilidades y la cantidad que usted gana también. Reunir calificaciones como alguien podría adquirir experiencia en sus carteras.

Por lo tanto, seguir adelante y dar el paso en este mundo en línea. Hay varias piscinas para que usted pueda probar sus talentos y potenciales de ganancia.

Conclusión

Hay varias estrategias en efectivo al instante a su disposición, y este libro menciona el mejor de ellos.

Utilizarlos bien, y nunca va a querer para aquellas pequeñas sumas de dinero para pagar sus cuentas de nuevo.

¡Por eso, que incluso podría convertirse en el hombre más rico que usted conoce personalmente!

Sólo se necesita un poco de tiempo, un poco de esfuerzo y los conocimientos adecuados.

¡¡¡Todo lo mejor para usted!!!

www.ingramcontent.com/pod-product-compliance
Lightning Source LLC
Chambersburg PA
CBHW050306220526
45465CB00002B/854